우주의 눈동자

〈제21회 문학세계문학상 시조 부문 대상 수상집〉

우주의 눈동자

| 박선정 현대시조집 |

도서출판 천우

| 시인의 말 |

시조는 틀의 형식과
언어의 한계점이 있어
언어의 유희를 넘어서고
싶은 자유시조를 쓰고 싶었다

선조들이 남기신
우리나라 전통의 고유한 시조는
아름다운 형식과 운율이 있어
그 틀을 반드시 고수하고

시대의 흐름에 맞춰
젊어져야 한다는 생각과
독자들이 읽기
고루하지 않아야
시조의 맥이 끊기지 않는다는
우려를 하며

오랜 명상과 개인수행을
통해 깊은 우주의 신비한
체험을 한 후
나의 시를 읽는 분들에게
세상 속에 앓았던
상처가 치유되고
마음의 평화로 가득
채워져 세상이 아름다워지기를
마음에 담아 시를 짓고
그림도 첨부한다

인연 있는 모든 분들
좋은 날을 기원하며

2023년 11월 6일

박 선 정

제1부
우주의 눈동자

시인의 말

우주의 눈동자 · 13
소멸이 곧 완성 · 14
와인 · 15
봄꽃이 되어 · 16
별똥별 · 19
판도라상자 열다 · 20
어디로 가시는지 · 21
금오산에 뜬 달 · 22
상심의 맛 · 23
태양의 흑점 · 24
황금 잔 · 25
운무 · 26
하늘의 추도식 · 27
천체는 고요한데 · 28
루나(달의 여신) · 29
비비의 해금 · 30
붓꽃 · 31
하늘 춤 · 32
별에 새긴 은혜 · 34

제2부
길 위의 생명들

메멘토 모리 • 37
길 위의 생명들 • 38
동백이 지다 • 40
충혼탑 가는 길 • 41
민들레여 홀씨여 • 43
천국의 별 • 44
소나무 • 45
스나이퍼 • 46
매미(금탈각) • 48
집시탱고 • 49
침묵의 방울 • 50
조각달 • 51
와인 • 52
낙화의 넋 • 53
솔나리꽃 • 54
님의 뜻 • 55
내 고운 아이야 • 56
하늘은 듣고 계시나요 • 57
거미줄 _ 58

제3부

바다의 블랙홀

기도 · 61
내가 만든 형상 · 62
바다의 블랙홀 · 64
오직 달님 · 65
회복 · 66
코인 · 67
지구살이에 필요한 두 가지 · 68
나의 그림 속엔 프라나(생기에너지) · 69
노을 1 · 70
노을 2 · 71
거울 1 · 72
거울 2 · 73
거울 3 · 74
거울 4 · 75
거울 5 · 76
거울 6 · 77
별 명상 · 78
전쟁 · 79
새벽별 · 80
침향무 · 82

제4부
마음에 매단 종

어느 수행인 • 85

마음에 매단 종 • 86

보물 • 87

바닷가 노송 • 88

노송 • 89

소나무 • 90

소울 메이트 • 91

별아 내 가슴에 • 92

별똥별 • 93

운석 목걸이 • 94

깨어진 천국의 별 • 95

cosmos • 97

하루살이 • 98

노틀담의 곱추 • 99

희생을 캐고 • 100

마음이 형상이다 • 102

붓꽃 2 • 103

쳇 베이커 • 104

침향무(沈香舞) • 106

제5부
허공으로서의 나

허공으로서의 나 · 109
사치따 난다(요가명) · 110
명상 · 111
시인이 되면 · 112
숫자 8 · 114
이백 흉내 내기 · 115
별 · 116
해금 · 117
달 명상 · 118
삶... 때론 · 119
핑크뮬리 · 120
면죄부 · 121
운무 · 122
장미 · 123
화이트 와인 1 · 124
화이트 와인 2 · 125
제5원소 · 126
종달새는 울어도 · 128
상사화 · 129
달빛과 춤을 · 130
독백 편지 · 132

● 해설 언어의 연금술사가 빚은 미학적 표상(表象) ●
우종상(대신대 특임교수 · 문학박사 · 문학평론가) · 136

제 1 부

우주의 눈동자

우주의 눈동자

소슬한 바람 불어
눈물로 가득 고인
상심의 이내 마음
탄식을 쏟아내어

입김을 달님에게로
보내나니 어이해

긴 너울 길이 되고
한숨 쉰 나의 근심
길 따라 연기 되어
침묵만 따라가네

저 달님 둥근 큰 눈이
나를 보고 있구나

소멸이 곧 완성

낙엽을 보니
내 마음도 바사삭
나도 언젠간

와인

나무줄기를
떠난 포도의 영혼
오묘한 유영

봄꽃이 되어

보고 싶단 말하면
더 그리울까봐
말도 못하고
그냥
가슴에 붉은 멍만 듭니다

부디
여린 꽃 찢기지만 말아라
따스한 봄날
눈부신 해와 함께
내가 가면

눈물도 말리고
그리움 없는 것처럼
태연히
활짝 반겨주시길

그대도
나도
함께
눈부신 봄꽃이 되어

별똥별

알라딘 요술양탄자
공주 태워 스친 선

판도라상자 열다

심장을 관통하듯
나무의 뿌리들을
지하의 어둠들이
머리혈 누르구나
밝음의 이데아조차 가짜들은 못 보네

무엇을 보려는가
참자아 놓치고서
무명의 갇힌 눈이
진실도 못 보면서
내 허물 하도 많으니 네 죄 물어 무엇하리

어디로 가시는지

시몬의 구르몽은
이제 곧 잊혀지고
바람의 소리 따라
가야할 때가 됐네
나뭇잎 푸른 옷 벗고 수행자의 잠행길

금오산에 뜬 달

나의 와불산 위로
화두 한 점 떴다

달도 인간처럼 마음이 있어
시리도록 차가운 빛을 내게 보내와

내 눈에서 기어코
이슬 맺게 하시네

마음속 비밀을 허락한 님에게
소슬한 가을밤

어설픈 나의 탄금 소리 보내니
하늘길 먼데 들어주실는지

심복의 처 운랑이 되어
연꽃잎 띄운 차 한 잔 올리고 싶다

상심의 맛

잔 속의 술이
이미 간 맞춰졌네
떨군 눈물로

태양의 흑점

붉은 심장이
타면서 만들어낸
사리가 한 알

황금 잔

밤이슬 고고하니

황량함 그지없어

상심뿐 마음자락

어딘들 둘 곳 있나

목 빼어 올려다본 달 갈증 난 듯 보였네

운무

학춤의 명장
흰 도포 걸쳐 입고
춤선이 곱다

춤신의 영혼
하얀 너울을 쓰고
춤사위 나폴

하늘의 추도식

졸지의 죽음
번개는 영정 사진을 찍고
폭우는 상주 역할 하는데
눈물 그칠 줄 모르네

천체는 고요한데

바람 속 먼지 같은
인생을 깨달은 이
몇이나 될까보냐
원소와 별가루들
광활한 우주경계선 넘나들면 알런가

루나(달의 여신)

네 마음의 대상은
내가 아닌가

내 마음의 대상은
항상 너 아닌 적 없었어

비비의 해금

통 속에 울음 있네
한(恨) 서린 통곡소리
애절함 넘치노니
손수건 눈물냄새
눈물로 꼬아서 만든 현이라서 그런가

내 눈물 흘리어서
네 슬픔 걷힌다면
강물이 넘쳐흘러
조각배 띄우련만
그것이 레테의 강물 되어질까 두렵네

붓꽃

청망토 입으시고
다소곳 두 손 모아
하늘을 우러르며
가난한 자 복되소서
영성기도 눈물방울로
함초롬히 맺혔네

하늘 춤

오색의 얇은 옷감
휘감아 펼쳐지는
천상의 황홀함이
정신이 혼미한데
선녀의 춤사위들은 지칠 줄도 모르네

어둠속 나의 두 눈
마음도 닮아 캄캄
고단한 영혼에게
지치지 말라 하듯
고귀한 우주의 향연 위안 주는 신의 춤

별에 새긴 은혜

소나무 솔가지를
한 움큼 쥐어들고
고귀한 이름 석 자
곱게 써 달고 싶다
걸어둔 축복의 존재 하늘눈도 보시게

인생길 영광된 삶
나 홀로 이뤘으랴
하늘과 인연도움
필연의 덕분이리
창연한 별자리마다 조각하여 새기리

제 2 부

길 위의 생명들

메멘토 모리

남은 생 얼마
깊이 관조해 보다
덧없음이여

길 위의 생명들

상처 난 고양이
절룩이며
기어가는 걸
본 순간
자비심 없는 내 머리 속엔

질문도
해답도
필요치 않는 고요함 속에
그냥
달처럼 떠있었네

빛으로 내리꽂히는
순수한 의식을 가진
절룩이는
저 생명들과
물고기 입에 문 갈매기가
신과 가까이 있음을
알았네

길 위의 생명들
모두
춤추게 하며
기어가든
걸어가든
날아가든
그저 고귀한 영혼이
깃듦을
인식하고
고운 눈으로 보아라

사냥감 찾는
눈빛조차
진실한
저 작은 생명들
질뚝이는 고양이든
개미든 여우든 참새든
나보다 더 거침없고
가식 없는
자유로운
참수행자들이니...

동백이 지다

숨 가쁜 너의 열정
불탄다 너의 주검
어쩌면 너의 성정
그대로 닮아선가
너의 한(恨) 모가지째로
떨어지는 절개여

충혼탑 가는 길

붉은 피 뿌렸는지
연산홍 낭자하고
삐죽이 얼굴 내민
하얀 옷 민들레는
무명의 어린용사들 상복 입은 넋이리

민들레여 홀씨여

빈두에 점을 찍어
살점은 어디가고
뼈대만 둥근 원은
만다라 형상이니
홀씨로 소멸할 사명 우화등선 하였네

천국의 별

우주의 행성 속에

선택된 별 하나

하늘의 살점

한 세계를 내가 가졌다

소나무

너의 푸른 바늘은
비수 같아서
눈물이 나

스나이퍼

풀끝에 달려있는
아슬한 물방울을
관통하면 우주가
열리어서 내 가슴도
열리려나

모래 한 알은
몇 생을 거쳤을까
작은 것들을
해방시켜 주고 싶다

큰 방울 하나
터트리면
위태롭게 매달린
작은 소우주들은
미끄럼 타듯
굴러서

마침내
자유로운
자연의 일부가 되어
돌아가리

매미(금탈각)

초월한
마음상태를
유지하는
곡소리

육신과
영혼의 명멸
이중성의
극명함

집시탱고

굶주린 야수들의 불 뿜는 눈빛이라
세파에 찌들린 삶 발아래 딛고 서서
꺾어진 허리 너머로 붉은 삶을 토한다

죽음도 불사할 듯 비장감 바닥치고
욕망도 번뇌조차 리듬 속 묻었노라
쭉 뻗은 다리 너머로 뛰는 심장 소리만

달빛의 흐느낌도 끈적한 몸놀림도
본능에 충실하라 가식은 던져버려
사막의 여우 울음 속 모래바람 휘감다

내일은 없다하네 오로지 오늘뿐야
순간을 불사르는 불나비사랑인들
오늘밤 지금 이곳에 죽으면은 죽으리

격정의 순간 뒤로 사위가 적막하다
한 호흡 고르노니 온 세상 발아래라
산화된 성자의 몸짓 눈물일랑 거둬라

침묵의 방울

돈오의 환희

눈물이 구슬 되어

염주가 되다

조각달

차갑게
날이 선 칼날
쥐어보다
베였네

살며시
잡은 손아귀
베인 상처
붉구나

와인

휘모리장단 뒤로
생애를 마감하고
오크통 시절인연
숙명인 양 받든다
담금질 기꺼이 하리 무르익을 그날까지

알알이 맺혀있네
집시들 노랫소리
깜깜한 눈물마저
아슴한 열락까지
아울러 품어준다네 그댄 정녕 신의 물방울

이브의 눈물방울
신들의 물방울임
찬사인지 조롱인지
희고 검단 말인지
화사한 눈웃음 속에 비수 한 점 품었군

낙화의 넋

봄비에 신명풀이
하려나 미친 듯이
단정한 머리카락
풀어서 떨궈 내고
버려야 얻어지는 꿈 처절함의 열반춤

바람이 떨군 낙화
폴폴이 아름다운
눈물의 정령이여
결기한 꽃잎 하나
내 손에 살폿 앉으라
고이 물에 띄우리

솔나리꽃

널 보려 온 건 아닌데
스스로 자리 잡아

발아래 한세상을
도도히 내려보네

저 홀로 태어난 꽃술 우주와의 교신 중

님의 뜻

달빛에 내 영혼을
보노니 창백히도
푸르네 멍든 가슴
알 리도 없건마는
무엇을 말하려는지 짐작으로 알겠네

내 고운 아이야

빗소리 눈물 같아
너만은 울지 마라
무용한 바람소리
네 귀를 스치잖아
세월이 더디어가도 화양연화 온단다

하늘은 듣고 계시나요

한세상 우울하니
하늘도 어둔 장막
별들은 보이잖고
죽음의 타나토스
차단된 극야의 세상 하늘통째 울렸다

아직도 빙점이다
침묵의 하늘 보며
허공과 독대할 때
대답이 없어 좋아
견뎌라 곧 해빙이니 죽은 웃음 살아나지

거미줄

아슬한 건축소재
줄금이 쳐져있어
가는 줄 끊어질까
거미는 걱정하고
그물에 낚인 생명들 윔블릿트 게임 중

제3부

바다의 블랙홀

기도

눈물을 모아서 만든 정한수를 올린다
하늘은 아실 거라고 두 손 모은 이유를
꿋꿋이 버티는 장한 사막 속의 선인장
너만의 화양연화는 꼭 오리니 믿어봐
우주여 나를 위하여 울지 말고 웃어요

내가 만든 형상

상황 따라
요동치는 마음자락
날뛰는 파도와 같네

바다는 평정한데
파도는 스스로 거품 물고
부딪치며 멍들게 하는
분노의 자학감은
어디로부터 오는 것인지

일어나고 사라지는 형상을 보며
모든 건 나의 내부가 접근하는 것
사띠(Sati)하며 알아차린다

바다의 블랙홀

청마의 바다인지
너는 왜 까딱하지
않고도 검푸른가
사이렌 유혹에도
스틱스 강물의 맹세 굳건히도 지키네

블랙홀 검은 눈이
천공만 있다더냐
저 깊은 침몰의 배
그림자 숨겨놓고
심연(心戀)의 기억너머로 빠져들게 하구나

오직 달님

월궁의 그림자들
항아가 거닐고
천만리 머나먼 길
오고가고 할 수 없어
얇은 표식으로
짐작만 할 뿐이네

회복

나만의 쾌란시아
별거 없다
토끼풀밭에 누워
커피 한 잔 있으면
생기가 얻어진다
참 단순하지

코인

크게도 저질러
놓았지
수습 불가한 코인
세상모르고
덤빈 누구 탓
총체적인 난맥상인데
수업료 한번 비싸네
아팠다

지구살이에 필요한 두 가지

모습놀이
말 잘하기

P.S 난 두 가지가 없다

나의 그림 속엔 프라나(생기에너지)

그건 강력하다
신비한 우주의 신성이 깃들었음을
알게 되는 에너지가 있다

모든 존재들이
행복해지길
진정으로 기도하며 쏟아 부었던
나의 멘탈이기도 하다
행운을 주는 묘한 작품들이며
이미 체험한 이들도 더러 있으니
성공이다

노을 1

저녁하늘이
배가 고팠나 보다
둥근 빵 꿀꺽

노을 2

붉은 주스가
융단처럼 깔렸네
달콤하겠다

거울 1

본래 텅 비다
보이는 것은 난데
실체가 없다

/ 거울 2

텅 빈 우주 속
실체가 있다 한들
너는 누구냐

거울 3

무엇을 하나
모습놀이 하는 중
터득은 했니

거울 4

눈뜨고 봐도
나의 실체 안보여
눈뜬 봉사네

거울 5

난지, 그댄지
흘러가는 세월 속
누가 참 난가

거울 6

언제부턴가
보여지는 마음속
진실은 어디

별 명상

손바닥에 운석
마음안의 별들이
가슴속으로 날아드네
꽂히는 별들을 세어 볼 수 없어
딱,
내 마음 크기에 맞게
더 많고 작지도 않는
허나
눈앞에 펼쳐지는
우주의 무한대 광활함
놀라워라
지구상의 단어론
나타낼 수 없는 오묘한 빛
황홀해라
꿈이라면
깨어나지 말기를…
빈두에 점 하나
사라지지 말기를…

* 처음 운석을 받아 쥐고 명상하다 실제 체험을 한 글.

전쟁

촛불이 운다

혼미한 고락분별

성모의 눈물

새벽별

오고감에는
자취도 없고
소리는 있으나
실체 없는 바람이 있을 뿐

소리 내어 우는 바람도
형상 없는 그림자일 뿐
흔적 없는 텅 빔이라도
우주엔
변함없이 가득 차 있네
있다 없다
의문 두지 말고
홀연히
떠오르는 한 줄기 한 생각

새벽별
유난히
반짝인 걸 본다면

그걸로
다 된 거라네
부처가 새벽별 보고
깨친 것처럼 말이다.

침향무

암묵적 소망 담아
은혜를 보답코자
정성껏 시향하나
하늘께 사루오니
몽환적 하늘거리는 관음의 춤 같구나

보랏빛 허공 연기
오르다 가라앉고
계면조 슬픈 향기
맞춰서 춤을 추네
내 잠시 혼미하오니 꿈길 열어 둘 꺼나

제4부

마음에 매단 송

어느 수행인

모두 던졌다
원초적 에너질랑
사띠(Sati)를 위해

집시의 영혼
승화된 에너지가
동시에 공존
말씀하셨다
어느 사부가 그리
아, 모습놀이
염, 마음챙김, 마음을 지키는 것.

마음에 매단 종

허릴랑 곧추세워 가만히 눈을 감다
번뇌의 집을 짓고 허물기 몇 번인고
들뜬 맘 가라앉히려 쇠종 하나 매단다

선정에 들었구나 사위가 고요하다
한 자락 깊은 의심 하늘에 닿았는지
불현듯 쏟아진 눈물 자비심을 나투다

유정물 무정물의 분별이 있을손가
미간에 하이얀 빛 별처럼 쏟아지니
허공 위 소식 한 자락 잡아볼까 하노라

보물

숨기고픈 것
자랑하고 싶은 것
두 가지 모두

숨기고 싶고
은밀히 나만 알아
나의 보물들

기분이 좋으면
드러내 보이기도
어쩌다 한번

바닷가 노송

벼랑 끝 버티고서
모진 삶 이어간다
해월을 벗 삼으며
백구를 희롱하니
세월도 눈 깜빡할 새 세월 따라 굽은 등

노송

고독을 숙명처럼
처절한 자기성찰
조는 듯 자는 듯이
선정에 들고나니
여여함 그 자체구나 오늘 같은 내일도

소나무

아찔한 절벽 끝에
등 굽은 노송이여
가지는 하늘 향해
기운이 청정하고
전설을 품었으리라
자태 또한 숭고해

혼잔들 어떠하리
여지껏 홀로인데
다람쥐 졸고 있는
영혼들 다 품고서
명상 속 깊은 깨달음 처절함이 시리다

소울 메이트

우주를 돌아
내 어깨 내려앉은
반석겁 인연

별아 내 가슴에

오고감 있다더냐
소릴랑 들릴손가
적요 속 솟아오른
반짝인 샛별 하나
눈부셔 들여다보니 마음자리 밝혔군

별똥별

은하수 물결 위로
한 줄기 금을 긋네
찰나의 그 순간에
소원을 빌어볼까
평소에 간절했던 맘 우주 속에 담기게

운석 목걸이

미지의 세계 찾아
과감히 몸을 날린
억만겁 그 인연이
내 품에 안겼도다
눈 감자 우주의 기운 꿈틀꿈틀 용트림

깨어진 천국의 별

빈두에 마음자리
점 하나 찍어놓고
신성한 보물답게
내 품에 날아왔네
광활한 우주 속에서 주인 찾은 광운석

얼마나 헤맸으면
날보고 투정하듯
모서리 깨진 살점
알갱이 드러내고
나에게 오느라 장애 물리쳤네 장한 별

cosmos

밤하늘 우러르면
매번 가슴 두근두근
아마도 전생에 난
어린왕자였을 거야
무심히 바라만 봐도 사라지는 번뇌 망상

하루살이

뭣 하러
태어났었니
매미보다
짧은 생

낙엽도 너보단 오래
버티잖아
애재라

해 뜨고
해지는 것도
눈에 담아
가야지

버텨봐
하루라도 더
허망하게
가지 마

또 다른
너의 이름은
일회용의
벌레야

노틀담의 곱추

오! 그대, 죽어서야 온전한 내님 됐네
찢겨진 그대 영혼 내게는 성녀라오
내 사랑 에스메랄다 홀로 두지 않으리

가혹한 하데스여 그녀를 데려가면
이 몸을 둘로 엮어 연리지 되게 하고
불지옥 형벌이라도 내가 대신 받으리

내 품안 지친 영혼 내 두 눈 피눈물로
귀족의 운구장식 비천함 없애노니
천상의 미소 지어요 그대 함께 잠들리

희생을 캐고

가공한 다이아몬드
광채가 황홀해라
보는 눈 탐욕심이
두 눈알 가득 찼네
신부의 흰 손가락에 얹어있을 검은 혼

마음이 형상이다

불보살 조성하다
거룩한 명호 없고
어여쁜 태국 왕비
자태가 보이나니
내 마음 온 심혈 다해 모셨건만 가짜 불

붓꽃 2

성모의 푸른 망토
다소곳 두 손 모아

하늘을 우러 보는
고귀한 슬픈 눈은

허물이 덧없이 많은 내 영혼을 구원소서

쳇 베이커

엎어져 드러눈 듯
고독한 너의 선율
부동의 시그니처
듣는 귀 트럼펫 째즈 녹여대는 사의미

−나는 째즈를 좋아한다
천재 뮤지션 쳇 베이커의
첫 노래아 트럼펫을
들었을 때

내게 불어대는 한겨울의
눈발에 몸과 마음까지
얼어붙어
지쳐있을 때 우연히 듣고
위로 받은 음악이 아니라

침울을 더 깊게 파고드는
슬픔을 더해주어 그의 음악을
이해하게 되고 슬픔에서 빠져나온
아이러니한 예를 잊지 못한다

그의 음악을 대면한 후
첫 느낌, 짧은 한 소절 시를 지었다

쳇 베이커

너의 선율엔
슬픈 청년의 영혼
진정한 침묵으로
깔리는 안개를 본다

침향무(沈香舞)

암묵적 소망 담아
은혜를 보답코자
정성껏 침향하나
하늘께 사루오니
몽환적 하늘거리는 관음의 춤 같구나

보랏빛 허공 연기
오르다 가라앉고
계면조 슬픈 향기
맞춰서 춤을 추네
내 잠시 혼미하오니 꿈길 열어 둘게요

제5부

허공으로서의 나

허공으로서의 나

나라는 존재
빛이며 우주여라
텅 빈 그 자리

모습놀이도
하는 슬기 자리지
허공으로서

색신을 굴려
법신자리 찾는 것
공집인이다

상대성 굴려
절대성 자리 찾는
허공성 화두

자신의 신성
밝히되 조화 이룸
중심 잡은 채

사치따 난다(요가명)

저 멀리 무릉도원 끝없이 펼쳐지니
내 선경은 이곳이요 배추 잎 한 잎 위가
아서라 온 바닷물을 퍼마신들 배부르랴

잠 오면 잠을 자고 배고프면 물 마신다
저 넘어 천답지기 그대가 으쓱대도
수시로 선정에 드는 이 지복을 뉘 알리

불면은 날아갈 듯 쥐면은 터질 듯해
초라한 저 모습은 수풀 속 태끌이라
아서라 우주를 들고 지는 삶도 산다네

명상

태산이 저리하랴 금강의 부동자세
처절한 전쟁터다 살이 찢겨 피가 튀는
피안의 한줄기 불빛 찰나라도 보리라

허리뼈 곧추세워 무심으로 젖어든다
꿈속에서 꿈을 꾸네 하늘길 열리는 꿈
정수리에 꽂히는 빛살
만다라 화엄세계

시인이 되면

보이는 사물마다
손길 닿는 곳곳마다
숨 쉬는 모든 생명
가슴으로 품으리라
내비친 사랑의 손길 영혼까지 구제하리

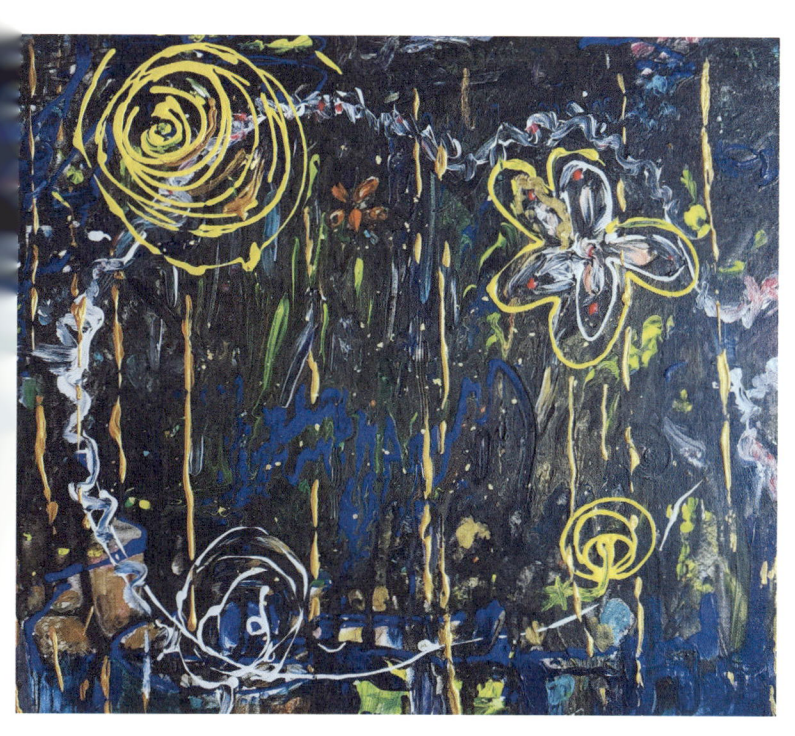

숫자 8

마음의 고통과
육신의 고통 중
어떤 게 무게가 더할까요
정답은 똑같아 8자랍니다

이백 흉내 내기

이백은 술과 달을
그토록 찬미했지
나에겐 온 창자가
끊기는 형벌이라
한 치 틈 허락 안하는 멀고도 먼 님이군

다음 생 태어나면
이백과 월궁 가서
마음껏 주고받고
대취도 해보리라
꿈같은 허욕일거나 그깐 것이 뭐라고

아니지 시와 술을
섞어서 대작하면
단풍물 세수한 듯
만다라 피어올라
시선(詩仙)이 바로 나로군 면죄부를 줄지도

별

나 그대 얼마만큼
그대를 사랑한지
나 아직 알지 못해
내 눈이 바라볼 수
없을 것 같은 세계가 그대란 걸 알기에

나만의 전부란 걸
안다면 내 지나온
사랑을 알기까지
억겁의 우주의 별
번뇌를 불태워버려 망연히도 시리네

어둠을 보기 위해
촛불을 켜려하는
떨리는 나의 두 손
한손에 가려버린
밤하늘 올려다보는 별들 무리 빛난다

해금

두 갈래 현을 긁어
꽃술을 피워내며
명주실 닮은 몸매
온 세상 희롱한다
타는지 부는 것인지 경계 없는 만소리

통속에 만물상이
자리 잡고 있는 듯이
설움도 비장함도
고고함도 애잔함도
게다가 야옹소리도 낼 줄 아는 익살꾼

달 명상

금오산 정상 위로
두둥실 상현달이
월광빛 시린 고독
온몸에 담아보니
오색의 영롱한 구슬 미간에서 번쩍여

삶... 때론

동공이 텅텅 비었네
서늘하다 내 눈빛

우주를 통째 들어서
놓을 줄도 모른 채

거짓의 의문부호들
나 혼자만 아는지

핑크뮬리

불면 날아갈 듯한 뼈마디
관절처럼 꺾이는 너의 살점마다
못 이룬 사랑의 한들이 모여
사랑 꽃으로 풀었구나
가지마다 분홍새의 깃털처럼
눈이 부신데
살아 있는 유정들에게
너의 애환 죽여서 미소를 주는 자비천사
분홍분홍 핑크뮬리
사랑 밭 이뤄낸
네 몸속에 얼굴 묻으니
큐피드 화살 맞은 듯
정신이 몽롱하네
아! 바람결에 전해진 너의 비애를 안다
언젠간 빛과 함께
사라질 내 안의 명멸이여
나의 영혼으로 너와 함께하기를

면죄부

홀로 선 처절한 삶
소금 친 미꾸라지
뒤틀린 피멍울의
고통 속 뒤엉키고
육신을 공양 바치니 꽃 한 송이 주시네

운무

성스런 의식치레
스스로 다비식을
타다만 연기들이
높은 산 허리 돌아
하늘로 승천하려는 용오름을 가려주네

장미

오월의 화창한 날
그대를 만날까요
드레스 코드로는
무늬가 엷은 장미
예쁘게 치장할게요, 기다려요 파랑새

화이트 와인 1

샤를마뉴는
절대 권력의 상징
흰 수염 보호

화이트 와인 2

튀어 오르는
탄산 알갱이들은
휘몰이 음표

제5원소

인류가 악의 세력
지구는 파괴되어
인간은 깊은 늪에
불바다 바람 태풍
흙조차 핵 오염된 땅 물도 넘쳐 홍수다

악심에 멸망되는
곳곳에 신음소리
악마들 피를 즐긴
희생된 선한 인류
근원의 에너지 여신
악을 평정하소서

선한 자 빛의 기도
지구의 영혼들을
죽은 땅 살아나게

5원소 여신이여
빛으로 구원하소서
죽을 생명 자비를

* 시작노트 : 인류에게 필요한 다섯 가지 원소가 있는데 지구에겐 물, 불, 바람, 흙 네 가지밖에 없다. 그 한 가지가 마지막 제5원소인데, 이는 하늘에서 땅으로 떨어지는 여신인데 그 여신만이 멸망된 지구를 구할 수 있다는 속설이 있어 현재 세계에 일어나는 재앙과 어우러져 쓴 시조.

종달새는 울어도

종달새 구슬퍼라
슬픔이 깃든 노래
내재된 아픔 몰라
듣는 이 맑다하네
사력을 다한 울븟짐 목소리는 우는데

대숲을 헤집으며
짝 찾는 눈먼 새는
제 옆에 날아와도
찾지를 못하구나
날아간 날갯짓 소리 놓치고서 알았네

상사화

내 분신이란 것을
한눈에 알아본들
헤어져 사는 운명
내민 손 닿지 못해
이생에 지은 복 없어 어찌 보나 꽃이여

내 비록 현생에선
세간 속 페르소나
내 영혼 오직 그대
기도 손 멈춤 없어
죽어도 만날 수 없는 뫼비우스 잎이여

천사를 사랑했던
에코가 아폴론을
금기된 사랑한 죄
불러도 메아리만
이 형벌 용서하시고 봉인해제 하소서

달빛과 춤을

내가
달빛에 취하면
달빛은
술 없어도 취하네

곁에 있던 나무도 취하니
나무도
제 그림자에 춤을 추고

울고 있던 바람도
음률을 보태니
제 흥에 겨운
나뭇잎들도 춤추듯
떨어지는 모습이

나와 다를 바 없이
자연과 나도 하나 되었네

그림자도 지쳐가는 듯
사라지기 시작하고
곧
여명이
밝아오겠네

이제 그만 달집으로
돌아가야 할 시간

월궁의 항아여
그대 긴소매 너울로
달빛 거둬 가소서!

독백 편지

매일이 그날인 그날
어제 본 하늘은
오늘 본 하늘이 아닌 것처럼
하늘은 그대로인
하늘이 존재하고 있습니다

변화무쌍한 하늘의 변화는
반대편 지구에선
두 눈이 아찔할 만큼의
밤낮의 아름다운 하늘이
있는데
살아생전
다 볼 수 없지만

단 한 번도 가보지 못한
신성한 하늘은
죽은 영혼만이 볼 수 있는
하늘일 것 같습니다

세상 현존하는
사람들의 각각의 느끼는 생각이 다르다는 게

때론 우주의 별 숫자만큼
헤아리지 못한다는
경이로운 사실,

조그만 육신 하나가
세상 삶의 생각들이
광활하게 다 들어간다는
머리 속의 뇌

인간은 연약한 듯하여도
초월의식을 가진 세계를
담고 있으니
위대한 존재이기도 합니다

오늘의 지금
내겐 오롯이 고독과
함께하니 하늘이 더 잘 보입니다

끝없이 펼쳐진 대자연의 호흡
을 느끼며

고독마저
느낄 수 없을 만큼
철저히 홀로가 되어

오늘은
광야에서 소리쳐 부르고 싶습니다

내 그리운 사람들아
보고 싶은 아이들
다들
잘 지내고 있지?

내가
살아있을 때 불러보는
너희들의
이름과 얼굴들

더 이상 내 목소리가 들리지
않을 때면…

내 그리운 사람들아
우리의 기억 속에 파편의
흔적조차
남김없이
빛처럼 사라질 날이 온단다

그때까지만 기억하자
내 선택에 후회가 없도록…
너의 선택에도 후회 없도록
내가 잠언처럼 말하리

인간의 감정은 모순이다!

눈물겹도록
진정 사랑하며
매순간이 오늘인 것처럼
현존하길…

행복해서
내면이 환하게
빛나길 내가 빈다

● 해설

언어의 연금술사가 빚은
미학적 표상(表象)
— 박선정 시조집 『우주의 눈동자』 평설

우종상
(대신대 특임교수 · 문학박사 · 문학평론가)

1. 머리말

연금술(鍊金術)은 유럽과 아랍권에서 유행한 학문의 일종으로, 흔한 금속을 금으로 바꾸는 것을 목표로 한 것이라고 알려져 있다. 이같이 언어에 의해 날줄과 씨줄로 엮어 사상과 감정을 표출한 문학작품의 탄생도 중세의 연금술과 무엇이 다르겠는가?

브라질의 소설가 파울로 코엘료(Paulo Coelho)의 소설 『연금술사』가 자아의 신화를 찾아가는 영혼의 연금술을 이야기하였다면, 박선정 시인의 시조집 『우주의 눈동자』도 언어예술의 정수(精髓)인 작품을 통하여 우주와 자아의 합일점을 찾아가는 근본의 가르침을 제시하고 있음에 주목하여야 하겠다. 박선정 시인도 작품에서 인간의 내면을 탐구하고 삶의 본질적 측면을 노래하고 있기에 코엘료의 작품과 같은 동심원의 궤적을 공유하고 있다고 할 수 있을 것이다.

말(言語)은 원래 마음과 알맹이의 합성어이니 말이란 묵시적 교훈의 기능을 가진다고 할 때, 그의 작품이 던져주는 메시지(message)는 생활의 활력을 제공할뿐더러, 인생 항로의 나침반과도 같은 메신저(messenger)의 역할을 제시하고 있다고 하여도 과언이 아닐 것이다.

우리는 흔히 문학(文學)을 두고 인간의 고유한 창조적 행위의 하나라고 부른다. 여기에는 심미적 기능, 사상적 기능, 그리고 역사적 기능이 포함되는데, 이들 기능을 고루 갖추고 있는 시조 문학의 정수(精髓)를 오랜만에 만나볼 수 있어 얼마나 크나큰 안복(眼福)인지 모른다.

박두진은 "시란 무엇인가에 대하여"에서 '시는 언제나 우리의 삶을 새로 출발하도록 고무하며, 그 삶의 근원으로 되돌아가게 할 것이다.'라고 하였다. 아르누보(Art Nouveau) 양식 선두주자의 대표적 건축가인 스페인 바르셀로나의 안토니 가우디도 "독창성은 근원으로 돌아가는 데서 비롯된다."고 하였으며, 20세기의 대표적 큐비즘(Cubism) 작가인 파블로 피카소도 생전에 "나는 안달루시아의 작은 물잔에서 태어났다."고 하였는데, 문학도 결국 우리가 삶의 근원으로 회귀하게 하는 묘약(妙藥)이 되지 않을까?

시인은 언어를 내포와 함축으로 사상과 생각을 단순 고착화한다. 그것은 극히 투명하면서도 견고한 의미를 나타내고 있다고 할 것이다.

김상훈 시조시인은 평소 "시조는 시에 의해서, 시는 시조에 의해서 보완될 때 마침내 빛날 수 있다"는 지론(持論)을 펼쳐 왔다. 다시 말하면 시와 시조를 통해 사물을 객관화할 수 있으며, 나아가 자아 성찰을 기할 수 있다는 말이다.

우리는 작가가 혼신(渾身)을 기울여 우주적 비밀의 문을 열게 한 자아의 분신과도 같은 작품들을 통하여 일반과 의미가 만남의 가교를 이루고 있음을 감지하게 된다고 할 것이다.

중국 송(宋)대의 샤오캉지에(邵康節)의 시 「청야음(淸夜吟)」에 다음과 같은 구절이 보인다.

月到天心處
(달은 하늘 깊은 곳에 이르러 새벽을 달리는데)

風來水面時
(어디서 바람은 불어와 물 위를 스쳐간다네)
一般淸意味
(사소하지만 일반적이고 의미 있는 것들은)
料得少人知
(아무리 헤아려도 이해하는 사람 적다네)

 작가의 금과옥조(金科玉條)와 같은 언어의 성찬(盛饌)에서 작품이 주는 행복감에 삶의 포만감을 느낄 수 있을 것이다. 이것이야말로 옛사람들이 가지기를 소원하였던 진정한 청복(淸福)이 아니겠는가?
 시조(時調)는 고려 중엽에 발생하여 말엽에 완성된 형태가 나타나 조선 시대를 거쳐 지금까지 불리고 있는 우리의 대표적인 정형시(定型詩)를 말한다.
 시조(時調)라는 명칭이 문헌에 나타난 것은 성종 24년 간행(刊行)한 악학궤범(樂學軌範) 券 七의 '樂時調'라는 것이 연대상(年代上)으로 가장 오래라고 한다. 그러나 그 용어는 우리가 뜻하는 시조와는 달리 쓰인 말이고, 현재 우리가 호칭(呼稱)하고 있는 시조(時調)와 같은 뜻으로서의 시조라는 명칭이 보이는 것은 비로소 영조대(英祖代)부터이다. 영조대라 할지라도 당시는 그것이 하나의 곡조명(曲調名)이었을 뿐 문학(文學) 양식명으로서의 시조는 아니었다.
 시조라는 명칭의 유래는 영조대에 시조의 창법이 널

리 유행하자 그 시대의 유행조(流行調), 즉 현대어의 '유행가'라는 뜻으로 '시조(時調)'라 부르게 되었던 것이다. 시조는 또 그것을 가곡(歌曲)이라고도 했고, 창법상으로는 '단가(短歌)'라고도 했으며, 또 시절가(時節歌), 시절가조(時節歌調), 시절단가(時節短歌), 시여(詩餘)라고도 불렀다. 아울러 '청구영언(靑丘永言)', '해동가요(海東歌謠)'와 같이 영언과 가요로도 통칭(通稱)하기도 했으나, 그것이 곡명(曲名)으로 쓰인 것이지 문학 양식명으로 쓰인 경우는 드물었다.

결국 '시조(時調)'라는 명칭은 원래 단가(短歌)라 불려오던 것을 조선 영조 때의 가객 이세춘(李世春)이 '시절가조(時節歌調)'라는 이름으로 고쳐 부른 데서 유래된 이름이라고 한다.

그 기본 형식은 초·중·종장의 3장 6구 45자 내외의 정형으로, 3·4(4·4)조 6음보가 기본 음수율이며 종장의 첫 구는 3자이어야 한다는 것이 불문율(不文律)로 지켜졌었다.

시조의 갈래는 기본 형식의 단형 시조(평시조)와 종장을 제외한 초, 중장 가운데 어느 한 구가 긴 중형 시조(엇시조)와 초장, 종장은 평시조와 같고, 중장이 무제한으로 길어질 수 있는 장형 시조인 사설시조와 2수 이상의 평시조가 모여 된 시조인 연시조가 있다.

고려의 시조는 모두 귀족 계층에 의해 지어진 평시조로, 그 주제는 주로 단심(丹心), 탄로(歎老), 회고(懷古)가 중심을 이룬다. 조선 초에 들어와서 왕성하게 창작되었던 시조는 내용에 있어 충의가(忠義歌)와 같이 유교적 이념과 규범을 노래했으며, 한편으로는 혼탁한 현실의 갈등으로부터 벗어나 자연의 유유자적한 삶을 그린 강호가도(江湖歌道)의 세계를 읊었다. 이와는 달리 기녀(妓女)들은 애끓는 정감을 노래하였는데 황진이의 시조는 단연 일품이었다.

조선 중기에 연시조(聯詩調)의 형식이 나타났는데, 이것은 음악성보다 문학성이 우위를 차지하게 되는 시조 문학의 변화를 의미한다.

고산(孤山) 윤선도(尹善道)에 의해 꽃을 피운 조선 후기의 시조는 다시 새로운 변모를 보이기 시작한다. 평시조(平時調)가 주류를 이루던 시조 문학은 정형성을 벗어나 사설시조(辭說時調)라는 새 양식을 출현시켰으며, 이는 사대부와 기녀들의 전유물이었던 시조 문학의 주도권이 평민들에게 넘어감을 의미하는 것이었다.

기록상으로 볼 때, 송강(松江) 정철(鄭澈)의 '장진주사(將進酒辭)'를 효시로 보는 사설시조는 임진과 병자 양난을 겪은 후 서민들의 각성에 의해 높아진 평민 의식과 산문정신이 빚어낸 산물로서, 민초(民草)들의 생활을 익살과 풍자 기법으로 재미있게 표현하고 있다. 이와 함께 영조 때부터 시조집이 편찬되어 당대까지의 시조 문학을 집대성하기에 이르렀고 그 명칭도 '시조(時調)'라 부르게 되었다.

오늘날 시조가 문학으로 취급받게 된 것은, 18세기 평민 가객들에 의해 이루어진 시조집이 남아 있기 때문이며, 특히 조선 후기 평민 가객 박효관과 안민영의 활동은 두드러졌다.

1920년대에 들어와 일제 치하라는 시대 상황에서 우리의 것, 한국적인 것에 대한 애착과 서구 문학의 무비판적인 수용에 대한 반성에서 비롯된 것이 시조부흥론(時調復興論)이 될 것이다. 곧 시조는 우리의 전통적인 시가(詩歌) 형식이며, 우리의 정서에 가장 알맞은 시가 형식이기에 고쳐서 우리의 전통적인 문학으로 발전시켜야 한다는 것이다.

초장과 중장과 종장의 3장으로 된 정형시인 시조는 초장에서 시상을 일으키고 중장에서는 시상을 더욱 전개하여 심화시키며, 종장에서는 시상의 전환을 가져오고, 그것을 마무리하면서 완성되는 형식을 지니게 되었다. 그런데 노산(鷺山) 이은상(李殷相)은 여기서 중장을 생략하였기 때문에 초장에서 시상을 일으키면서 그것을 심화시키며, 종장으로 가서 시상의 전환과 마무리를

행하는 형식을 지니게 되는 양장시조(兩章時調)를 시도하게 되었지만 시상이 순서에 따라 순차적으로 전개되는 자연스러운 흐름과 단절과 비약이 생기는 약점을 피할 수 없게 되었다. 이러한 약점을 피하기 위해 양장시조는 초장에서 좀 더 응축된 표현을 통해서 시상의 생성과 전개를 동시에 이루어내야 하는 과제를 안게 되었기에 정체된 미완성의 형식으로 남게 되었다.

반면에 일본의 대표적 시 형식인 와카(和歌)는 다섯 음절, 일곱 음절, 다섯 음절, 일곱 음절, 일곱 음절의 총 31음절로 이루어진 짧은 시이다. 이같이 한정된 글자 수 내에서 깊은 감정을 표현할 수 있는 형식으로 절박한 심정과 같은 강렬한 감정을 표현하기에 적합한 문학 양식이라고 하겠다. 와카와 더불어 하이쿠(俳句)는 5, 7, 5의 음수율을 지닌 17자로 된 일본의 짧은 정형시를 일컫는다. 일반적 하이쿠는 계절을 나타내는 단어인 기고와 구의 매듭을 짓는 말인 가레지를 가지는 단시(短詩)기 때문에 내용이 함축적이어서 난해할 수도 있지만 함축적 내용을 풀어가는 묘미가 매력적이기도 하다. 그래서 현재도 대중시로 확고한 자리를 차지하고 있다고 하겠다.

한문으로 이루어진 한시(漢詩)는 중국의 전통시를 말한다. 중국에서 한시가 가장 성행했던 시기는 성당(盛

唐) 시대로 운율의 엄격한 규칙을 수반하는 당나라 이후의 한시를 근체시(近體詩)라 하고, 그 이전의 시체를 고체시(古體詩)라 한다.

　근체시는 한 행의 글자 수와 한 편의 행의 수에 따라 그 형식이 나뉜다. 한 구가 5자이면 5언시(五言詩), 한 구가 7자이면 7언시(七言詩)라고 한다. 또 그 행의 수에 따라 4행시는 절구(絕句), 8행시는 율시(律詩), 12행 이상은 배율(排律)이라고 한다. 그리고 압운을 두어 운자(韻字)는 5언시의 경우는 2, 4, (6, 8)행의 마지막 글자에, 7언시인 경우는 1, 2, 4, (6, 8)행의 마지막 글자에 둔다. 또 한시는 5언시의 경우는 '2자∨3자'로, 7언시의 경우는 '2자∨2자∨3자'로 끊어 읽어야 대체로 운율도 아름답고 그 의미도 올바로 파악할 수 있다.

　기-승-전-결의 형식을 취하고 있는 한시는, 한 편의 시에 서경(敍景)과 서정(抒情)을 배합하는데, '선경후정(先景後情)'의 전개 방식을 갖추고 있다.

　시와 시조의 경계가 모호한 시기에 시조의 전통을 지키려 노력하며, 시조의 정체성(正體性, Identity) 확보에 진력하는 박선정 시인의 진정성에 경탄(驚歎)을 금치 못하게 된다.

　박찬욱 감독의 영화 〈헤어질 결심〉은 사망 사건을 수사하게 된 형사가 용의자와 만난 후 의심과 관심(사랑)

을 동시에 느끼게 되는 이야기를 그린 것인데, 극 중 부산 서부경찰서 강력2팀의 장해준(박해일)이 살인사건의 용의자(피의자) 송서래(탕웨이)에게 하는 다음과 같은 말이 나온다.

"내가 품위가 있댔죠?"
"품위가 어디서 나오는지 알아요?"
"자부심이에요."

새로운 시조 문학 부활의 날갯짓을 향해 노심초사(勞心焦思) 창작에 전념하는 박선정 시인의 열정과 문학적 재능의 자부심은 작품 하나하나에서 품격이 느껴지며, 작가의 빼어난 현대시조 작품을 통하여 독자와의 신선한 문학적 유대감과 공감대를 형성하고 있음을 발견하게 된다고 하겠다.

2. 몸말

공자(孔子)는 『논어(論語)』 「학이(學而)」에서 〈본립도생(本立道生)〉이라고 하였는데, 이 말은 사물의 근본이 바로 서면 도(道)는 저절로 생겨난다는 뜻으로, 기본이 바로 서야 나아갈 길이 생김을 이르는 말이라고 한다.

기본(基本)은 사물의 출발점이기도 하고 회귀(回歸)할 지점이기도 하기에 기본 없이 시작할 수는 있지만, 기본 없이 결코 오래갈 수 없음을 경계한 말이 아닐까?

박선정 시인의 시조집『우주의 눈동자』에서 우리는 올곧은 시조 문학의 진수(眞髓)를 발견할 수 있다는 것은 작가가 시조 문학의 본령(本領)에 충실하여 시조의 기본이 바로 정립된 시인이기 때문일 것이다.

박선정 시조집『우주의 눈동자』에는 1부 우주의 눈동자 19수와 2부 길 위의 생명들 20수와 3부 바다의 블랙홀 20수와 4부 마음에 매단 종 19수와 5부 허공으로서의 나 21수 등 총 99수의 정제(精製)된 시어에 의한 시조의 향연(饗宴)을 느낄 수 있을 것이다.

"Style is the man himself.(글은 곧 그 사람이다)"는 프랑스의 박물학자인 뷔퐁(L.L.C. Buffon)의 말로 곧 자기 자신의 독특한 문체(style)를 만들고 개성이 있으며 짧고 강한 문장을 써야 한다는 말이다.

박선정의 시조집에 투영된 작품들에서 시인의 치열했던 삶과 문학의 편린(片鱗)을 엿볼 수 있으며, 또 그의 실존 의식을 엿볼 수 있을 것이며 아울러 작가의 투명하고도 올곧은 작가정신도 알 수 있을 것이다.

박선정 시인은 오랫동안 명상(Meditation)을 하신 명상원 원장으로 금번 〈문학세계 문학상〉의 현대시조 부문에서 대상을 수상하신 분으로 알려져 있다.

명상(冥想)은 고요히 눈을 감고 침잠하여 차분히 마음속으로 깊이 생각하는 것이다. 아울러 여러 종교에서 관찰되는 훈련법이며, 현대 심리학자와 뇌과학자들은 종교인들의 신을 영접하는 체험의 정체로 명상을 지목하고 있음에 유의할 필요성이 있다.

노자(老子)의 『도덕경(道德經)』은 건축 분야의 저서에 자주 사용되어왔다. 특히 "삼십 개의 수레바퀴들이 다 함께 하나의 가운데 바퀴통에 박히니"로 시작되는 11장은 건축 분야에서 너무나 잘 알려져 있다. 그것은 11장이 무수히 인용되었기 때문이다.

혹자(或者)는 건축과 노장사상이 무슨 연관성이 있느냐고 고개를 젓겠지만, 근대건축의 합리에 대응하는 '복합과 모순'이 새로이 출발한 현대건축의 핵심어들이라고 할 때, 노자가 이중성을 직관으로 꿰뚫어 본 『도덕경(道德經)』의 넓이와 깊이감에 의해 현대건축의 방향성이 분명히 보이는 것도 사실일 것이다.

시조문학에 명상을 차용한 것은 융복합예술의 현대가 Breaking boundaries라고 하여 학문과 예술의 경계가 허물어지고 있는 추세란 것을 적용해 볼 때, 명상의 차용은 박선정 시조문학의 묘약(妙藥)이 될 수 있으며, '신의 한 수'가 되는 자격요건을 갖춘 중요한 관건

(關鍵)이라는 것도 설명이 된다고 하겠다.

이런 까닭으로 유추하건대, 박선정의 시조문학 저변에는 사색과 명상과 관조의 융합이라는 복합적인 요소가 잠재되어 있다고 할 수 있을 것이다. '아이디어(Idea)'의 확대는 고식적(姑息的)인 문학의 틀에서 벗어나 시조문학 영역의 확대와 개척이라는 순환의 결실을 거둘 것이라고 확신하는 것이다.

현대시조는 내용 면에서 개성적이며 자아의 내면을 표현하며 사색적이고 관조적이라고 한다. 이미지나 상징 등 현대시의 기법을 도입하며 감각적이고 실제적인 내용이며 제재를 현실에서 차용(借用)한다는 특징이 있다고 한다.

아울러 형식 면에서는 연시조가 많으며 자유시에 가까울 정도로 파격(破格)을 하는 경우도 종종 있다고 한다. 반면에 순수한 우리말 사용도 많으며 3연 6행(구별배행)의 시조 형태가 많다고 한다.

여류들이 쓴 시들은 전통적으로 여성만이 가질 수 있는 섬세한 감정과 서정을 느낄 수 있을 뿐만 아니라, 사회의 표면에 잘 드러나지 않는 유교 사상의 그늘 밑에서 이들의 많은 한(恨)과 아름다운 서정을 발견할 수도 있는 특징을 가진다고 하겠다.

여하튼 여류 시조문학은 한(恨)과 애상(哀想)이란 전

통적 정서 위에서 자생하여 면면히 이어져 온 민족의 얼이 담긴 우리 여성들의 정서와 사상이 함축되었기에 박선정 시조를 통하여 시공을 초월한 우리 여성들의 마음을 좀 더 깊이 이해할 수 있을 것이다.

  박선정 시조에서 그 간결한 말과 가락을 통해 우리 마음이 서로 교감 되고 하나가 되게 한다는 것이 그의 시조가 현대인에게 주는 해답이 된다고 생각하게 되며, 아울러 우리가 일상생활 속에서 살아가는 동안 자주 잊어버리게 되는 사물들의 모습과 의미를 재발견하게 된다는 이점도 있지 않을까? 그와 같은 시적 발견과 감동을 통해 우리는 인생, 자연, 사회, 더 나아가 우주를 다시금 확인하며 보다 너그럽고 성숙한 안목을 기르게 된다고 하겠다. 이러한 삶의 발견이 없다면 그 결과는 생존 이상의 무슨 필요성이 있을 수 있겠는가?

  1부 우주의 눈동자 19수에서 돋보이는 시조가 시조집의 Title role격인 「우주의 눈동자」가 아닐까 한다.

    소슬한 바람 불어
    눈물로 가득 고인
    상심의 이내 마음
    탄식을 쏟아내어

입김을 달님에게로
보내나니 어이해

긴 너울 길이 되고
한숨 쉰 나의 근심
길 따라 연기 되어
침묵만 따라가네

저 달님 둥근 큰 눈이
나를 보고 있구나

―「우주의 눈동자」 전문

먼저 시에서 발음하기에 좋고 부드러운 소리들의 어울림을 호조음(好調音)이라고 하는데 박선정 시인의 시어에서는 악조음(惡調音)이 아닌 호조음으로 청각적 울림을 독자에게 주고 있는 특징을 발견할 수 있을 것이다.

그리고 감정이입과 공감(Empathy and sympathy)의 시적 효과도 발견할 수 있지 않겠는가? 물론 감정이입(感情移入)은 인간이 아닌 사물이나 추상 개념(概念)에 인간적인 요소를 투사하거나 동일시하는 표현 기법을 말한다고 할 때, "상심의 이내 마음 탄식을 쏟아내어 입김을 달에게로 보낸다"고 하여 달과의 합일체적 정서의 교감을 통해 이심전심(以心傳心)의 심경을 공유하게 된다. 우리가 어떻게 달과의 정서적 일체를 이룰 수 있겠는가마는 그렇게 될 수 있는 것이 시인이 아닐까? 곧 시인 자신이 감정을 외물(外物) 위에 옮겨 놓고 마치 그 사물도 인간과 동일한 감정이 있다고 느끼는 것이 박선정 시인이 아니겠는가?

박선정 시인은 예술의 형식으로 정서를 표현하는 방법으로서, 일상생활의 감정이 그대로 작품에 나타나는 것이 아니라, 그 감정과는 직접적인 관계가 없는 어떤 이미지, 상징, 사건에 의해 구현될 때 그때 이용된 이미지, 상징, 사건들이 바로 객관적 상관물(Objective correlative)인데, 그 표현 기법도 작품에서 적절히 사용하고 있다.

곧 위 시조는 '달'을 통하여 화자의 상심(傷心)된 마음과 근심을 서서히 드러내어 정서를 환기시키고 있기에 위 시조에서 '달'은 객관적 상관물(客觀的 相關物)이 될 것이다.

16세기 초 황진이의 한시에도 박선정 작가와 유사한 작품이 보임은 우연의 일치일까?

誰斷崑崙山(곤륜산 맑은 구슬 뉘라서 끊어 내여)
裁成織女梳(직녀의 멋진 빗을 솜씨 좋게 만들었나)
牽牛一去後(견우가 한 번 떠나 다시 오지 못했으니)
愁擲碧空虛(푸른 하늘 허공 중에 수심겨워 던졌구나)
(김지용 역)

— 「詠半月」 전문

「半月」은 황진이가 평소 애송하던 작자 미상의 당인(唐人)의 시를 후세인이 마치 황진이의 작품인 양 잘못 수록한 것임을 이가원은 밝힌 바 있으나 원전인 『唐詩品彙』와는 약간 자구상의 차이는 있다.

허공에 뜬 반달을 여자의 기구한 운명을 상징적으로 표현하여, 칠월 칠석날 견우성이 떠나간 뒤 여자의 수심(愁心)과 같은 긴 머리칼을 빗는 빗과 같은 반달이 외롭게 떠 있다고 묘사하였다. 한때 사랑했던 정인(情人)이 떠나간 뒤 기별조차 없음의 고독을 토로한 시로 그녀 자신의 고독한 심경이 적절한 비유와 상징으로 표현되고 있다.

황진이가 고독한 그의 심경을 객관적 상관물인 '달'에 Match하였다면, 박선정 시인은 상심과 근심의 융복합적 정서를 객관적 상관물인 '달'에 투영하였다는 점에서 시공을 초월한 정서의 공감대를 형성하고 있다고 하겠다.

영조(英祖) 때, 전라도 남원 서봉방(棲鳳坊)에서 태어난 여류시인인 삼의당 김씨(三宜堂 金氏)의 한시에서도 박선정 시인과 동병상련(同病相憐)의 정서를 발견할 수 있다.

中宵一片月((한밤중의 조각달)
影入碧窓流(그림자 창에 비쳐 흐른다)
長安有孤客(서울에 외로운 손이 있으니)

休照望鄕流(망향루에 비치지 말아다오)

―「秋月」 전문

  위 시는 내 곁을 떠난 외로운 임이 고향이 그리워서 망향루에 올라가 있을 것이니, 창문에 비치는 저 밝은 달이 그 다락을 밝게 비춰 사랑하는 사람의 마음을 괴롭게 하여 주지 말아 달라는 하소연의 내용이라고 생각된다. 객관적 상관물인 달에게 자기의 마음을 투사하고 의탁한 것은 박선정 시인의 마음과 유사점을 발견하게 된다고 하겠다.
  다음 시조에서도 박선정 시인의 시적 특이점을 발견할 수 있을 것이다.

    나의 와불산 위로
    화두 한 점 떴다

    달도 인간처럼 마음이 있어
    시리도록 차가운 빛을 내게 보내와

    내 눈에서 기어코
    이슬 맺게 하시네

    마음속 비밀을 허락한 님에게
    소슬한 가을밤

어설픈 나의 탄금 소리 보내니
하늘길 먼데 들어주실는지

심복의 처 운랑이 되어
연꽃잎 띄운 차 한 잔 올리고 싶다

—「금오산에 뜬 달」 전문

중국 최후 왕조인 청(淸)나라의 화가이자 수필가였다는 심복의 아내인 진운(陣芸)이 되어, 사랑하는 임인 심복에게 '연꽃잎 띄운 차'를 한 잔 올리고 싶다는 박선정 시인의 역지사지(易地思之) 발상의 착안점은 바로 구미 금오산에 밝게 뜬 가을밤을 밝히고 있는 달이라고 생각할 수 있을 것이다. 아울러 참선(參禪)하는 수행자가 깨달음을 얻기 위해 답을 구하려 애를 쓰는 문제를 화두라고 하는데, 시인에게 있어 화두(話頭)는 바로 '달'이 될 것이다.

달에 감정을 이입(移入)하여 '시리도록 차가운 빛'을 느껴, 슬픈 마음에 저절로 눈물을 흘리는 시인의 순결함은 어디서 오는 것일까? 그것은 인간의 감정이 아니라 청정심을 가진 보살(菩薩)의 무량(無量)함이 아닐까?

운랑의 고사는 심복(沈復)의 저서인 『부생육기(浮生六記)』에 나오는데, "가난한 살림에도 진운은 해 질 녘 연밭에 나가 연꽃이 접힐 때쯤 연꽃을 열고 비단주머니

(香囊)에 싼 찻잎을 꽃 심지에 넣어두고 다음 날 아침 일찍 연꽃이 반쯤 필 때 꽃잎이 다치지 않게 조심스레 열어 차 주머니를 꺼내 아침 일찍 첫 샘물에 차를 우려내어 남편인 심복에게 공양을 하였다"고 한다. 심복은 아내가 준 차(茶)의 향기가 항상 신비롭고 독특하게 여겼는데, 후일에 그 비밀을 알고 많이 울었다고 전한다.

박선정 시인의 질박(質朴)한 애정관과 굳은 신심(信心)을 알 수 있는 시가 바로 위의 시라고 생각할 수 있을 것이다.

위의 시류와 유사한 시작은 2부의 「조각달」에서도 보임은 그의 달에 대한 유별난 관심과 사랑의 증표가 아닐까 한다.

　　차갑게
　　날이 선 칼날
　　쥐어보다
　　베였네

　　살며시
　　집은 손아귀
　　베인 상처
　　붉구나

　　　―「조각달」 전문

위의 시에서 고찰하건대, 단 2연과 8행의 짧은 시조지만 긴축과 압축으로 얼마나 시상을 잘 전개하고 있는가를 여실히 보여준다고 하겠다.

달은 뜨는 시기와 모양에 따라 여러 가지 이름을 가지고 있다. 음력 초순과 하순에 뜨는 갸름하고 날카로운 모양의 달은 초승달, 손톱달, 갈고리달로 불리고 있다. 며칠이 지나서 조금 살이 붙은 달은 조각달이다. 이 조각달이 점점 커져서 반달이 되고 보름달이 되지 않겠는가?

음력 초닷새 무렵과 스무닷새 무렵에 뜨는 반달보다 더 이지러진 달이 조각달이라면, 조각달을 보고 느낌의 강도는 모든 사람이 다 다를 것이다. 달의 조각난 모양을 '칼날'이란 은유로 비유한 것과 '차갑다'는 냉온감각(冷溫感覺)의 섬세한 감정에서 우러나오는 서정의 맛깔스런 언어의 향연(饗宴)에 소스라치게 놀라게 된다. 베인 상처가 동백꽃보다 더 붉다는 색깔의 선명성에서 더 강렬한 시적 Prelude를 느끼게 됨은 우연의 일치일까?

2부 길 위의 생명들 20수에는 에스프리(Esprit)의 송가(頌歌)가 빼곡하게 자리하여 고른 숨결을 쉬고 있다.

숨 가쁜 너의 열정
불난나 너의 주검

어쩌면 너의 성정
그대로 닮아선가
너의 한(恨) 모가지째로
펼쳐지는 절개여

　—「동백이 지다」 전문

　차나무과인 동백(冬柏)은 꽃말이 "나는 당신만을 사랑합니다"라고 하며, 한자명은 산다목(山茶木)이라고 한다.
　붉게 피는 꽃으로 인해 시인은 동백꽃의 개화(開花)를 붉은 열정으로 보았으며, 동백꽃의 낙화를 주검으로 묘사하여 시적인 운치를 더하고 있다. 아울러 꽃잎 채로 떨어지는 동백꽃의 형상을 마치 조선 시대 선비들의 올곧은 지조나 절개로 노래하고 있음도 시인만의 안목이며, 시인만이 가질 수 있는 찰나의 미학이 아닐까 생각한다.
　물론 사군자(四君子)의 절개와 표상에는 못 미치겠지만 나름 황량한 혹한(酷寒)의 겨울에도 굳건히 수려한 아름다움을 견지하기에 많은 사람들의 사랑을 받는 꽃이 바로 동백이 아닐까 한다.
　시가 주는 뜻과 시의 마음을 알기 위해서는 시 앞에서 먼저 마음을 열고 시에 나오는 시어들을 그대로 받아들이는 태도가 필요하다고 할 것이다. 그저 편한 마음으로 시의 말들이 바로 나 자신의 말인 양 읽는다면 시는 더 가까이 우리에게 다가와 마음을 열어 보일 것이 아닐까 한다. 그러나 언제나 마음먹은 대로 쉽게 되지는 않을 것이다. 그러나 일단 마음을 가라앉히고 시어를 자신의 말과 같이, 또는 가깝고 다정다감한 친구의 나지막한 속삭임처럼 시를 생각하면서 거듭 읽으면 우리는 확실하고 견고하게 마음의 닫힌 문을 열 수 있지 않을까?

다음은 박재삼의 시로 박선정 시인의 마음과 궤적을 공유할 수 있지 않을까를 생각하게 한다.

> 뉘라 알리
> 어느 가지에서는 연신 피고
> 어느 가지에서는 또한 지고들 하는
> 움직일 줄 아는 내 마음 꽃나무는
> 내 얼굴에 가지 벋은 채
> 참말로 참말로
> 사랑 때문에
> 햇살 때문에
> 못이겨 그냥 그
> 웃어진다 울어진다 하겠네.
>
> ―「자연(自然)」 전문

위의 시는 고전소설 『춘향전(春香傳)』에서 소재를 취하여 새로운 시적 해석을 가한 『춘향이 마음 초(抄) 2』라는 연작시 중의 하나이다. 작품 전체가 춘향의 독백으로 되어, 마음 깊은 곳으로부터 저절로 솟아오르는 사랑을 꽃나무에 견주어 노래한 시이다.

여기에서 춘향은 마음 깊은 곳으로부터 솟아오르는 사랑의 욕구를 가진 여인이다. 그녀의 마음속에 피는 사랑의 꽃나무는 춘향 자신이 의도해서가 아니라 어쩔 수 없는 생명의 발로로서 움직여 나오는 것이다. 즉, 자연의 힘이 사람의 마음속에 있는 아름다운 사랑의 꽃을 피워 올린다는 뜻이다.

박선정 시인도 「동백이 지다」에서 자연인 동백과 인간인 시인 자신을 동질적(同質的)인 존재로 보고 있지 않을까? 꽃나무 동백이 자연적으로 꽃을 피우는 것이 자연의 이치인 것처럼 춘향의 마음에 피어나는 사랑도 자연스러운 감정의 유로(流路)일 것이다. 자연의 이치를 거스를 수 없는 것이 인지상정(人之常情)이라면 이러한 감정의 발현이 스스로 어쩔 수 없는 자연적 현상임을 표현하기 위한 하나의 방편이라 생각할 수 있을 것이다.

박선정 시인도 동백에 대한 순수한 열정의 기쁨과 슬픔을 생명의 흐름으로 감지(感知)하고 있음은 그 자신의 고결한 성품에 기인한 것으로 사료(思料)된다.

3부 바다의 블랙홀 20수 중에도 수작(秀作)이 눈에 띄어 감각적 여운으로 시가 주는 즐거움과 시의 아름다운 어조에 깊이 침잠(沈潛)하게 된다.
다음의 시조는 조금 특이한 성격의 시조로 인식되는 것이 아닐까 한다.

> 청마의 바다인지
> 너는 왜 까딱하지
> 않고도 검푸른가
> 사이렌 유혹에도
> 스틱스 강물의 맹세 굳건히도 지키네
>
> 블랙홀 검은 눈이
> 천공만 있다더냐
> 저 길은 침몰의 배
> 그림자 숨겨놓고
> 심연(心戀)의 기억 너머로 빠져들게 하누나

―「바다의 블랙홀」전문

위의 시조에서는 청마, 사이렌, 스틱스, 블랙홀 등 시에서 이질적인 시어들이 보임은 어떤 연유일까? 청마(靑馬)는 시인 유치환(柳致環, 1908~1967)의 호이며,

사이렌(Siren)은 고대 그리스 신화 속의 존재로 여성의 모습을 하고 바다에 살면서 아름다운 노래로 선원들을 유혹하여 위험에 빠뜨렸다는 인어 종족이며, 스틱스(Styx)는 이승과 저승의 경계를 의미하는 용어를 말한다. 그리고 블랙홀(Black hole)은 중력이 매우 강하여 빛을 포함한 어떤 물질도 탈출이 불가능한 시공간 영역을 말한다고 한다.

조지프 로크라는 미국 식물학자가 1924년 중국 소수민족인 나시(納西)족의 근거지 리장(麗江)을 방문한 뒤 27년 동안 거주하면서 『내셔널 지오그래픽』에 리장에 관한 글을 기고하였는데, 제임스 힐턴이 이 글을 보고 소설을 쓴 것이 샹그릴라(Shangri-La)라고 한다. 샹그릴라는 이상향을 가리키는 영어 단어가 아니겠는가?

박선정이 꿈꾸는 공간이며 그의 사상이 투영된 바다는 곧 순간에서 영원으로 회귀하는 꿈의 무대이며, 어떤 것으로든 설명할 수 없는 블랙홀과 같이 결코 깊이를 가늠할 수 없는 절체절명의 신비로운 샹그릴라가 아니겠는가?

조선 시대 여류시인의 다음 한시(漢詩)에서도 박선정 시인의 시정(詩情)과 유사한 시를 발견할 수 있음은 시공(時空)을 초월하여 시적 화자의 심리 상태의 동질성과 유사성을 발견할 수 있음에 주목할 필요가 있을 것이다.

海涵天一晚(바다는 저녁놀에 타고)
花續一年紅(꽃은 일 년을 계속 피네)
萬江漁舟子(강위에 떠가는 뱃사람들이)
停帆向晚風(닻을 놓고 바람에 서 있네)

―「應口詩」 전문

위의 한시 작가는 『해동시선(大東詩選)』에 나오는 진사 김철근(金鐵根)의 후취(後娶)로 숙종(肅宗)대의 곽청창(郭晴窓)이라고 전한다. 우암(尤庵) 송시열(宋時烈)이 이름을 지어 주었다고 하니 곽씨(郭氏)의 문학적 재능을 짐작하게 된다.

제목이 「應口詩」인 것은 운(韻)자가 떨어지자 바로 쓴 시이기 때문이라고 한다. 바다는 햇빛에 어리어 붉게 타고, 꽃은 일 년을 계속 피고 있는데, 어부가 닻을 놓고 바람을 향하고 서 있는 모습을 묘사한 서정시로 보아야 하는 시이다.

4부 마음에 매단 종 19수와 5부 허공으로서의 나 21수는 스페이스(Space)의 제약상 다룰 수 없어 아쉬움이 더하게 된다.

3. 맺음말

시조(時調)는 한국 시가의 가위(可謂) 대표적 존재라고도 할 수 있을 것이다. 고래(古來)로 시가사상(詩歌史上) 허다한 시가가 기멸(起滅)하였지만 시조는 시가사상에 그 자태(姿態)를 나타낸 이후 쇠(衰)할 줄도 모르고 갈수록 그 광채(光彩)를 발휘하고 있음은 무슨 까닭일까?

이런 점으로 미루어 시조는 그 어딘지 한국인의 심경에 가장 적합하고 또 한국인의 정신적 생활을 표현하는데 가장 적당한 시형(詩形)인 듯하다. 시조가 성립될 때까지의 모든 시형은 시조 형식을 이루려는 준비였고, 시조가 성립된 후의 모든 시형은 시조 형식의 발전이라 하게끔 형성이 되었다. 그만큼 시조 문학의 성립은 우리 문학사상 일대 시기를 획(劃)할 만한 사실이라 하겠으나, 시조가 작품으로 나타난 것은 극히 막연(漠然)하여 알 수가 없을 것이다.

시조는 우리 고유의 독창적인 정형시로 여말(麗末)에 3장 6구 45자의 기틀이 이루어진 뒤 조선말에 이르기까지 6백여 년 동안 제작된 시가로 속(俗)되지 않은 선비의 충절과 이념을 노래한 것과 인심을 풍자하고 세태(世態)를 원망한 부정적 작품과 임에 대한 완곡한 사랑의 노래가 많다고 할 것이다. 초, 중, 종 3장(章)에 결론을 중시한 논리(論理)의 문학이 바로 시조가 아닐까 한다.

박선정 시인은 그의 분신인 시조에서 풍경을 그리든지 사물을 그리든지 아니면 작가의 심경을 대상에 이입(移入)하여 나타내든지 하여 언어의 깊은 의미를 간결하고 함축적으로 다루면서 단순화한 특징이 그의 시가 갖는 의미가 아니겠는가? 언어의 홍수와 가식되고 포장된 말의 홍수에 갇혀 사는 현대인에게, 지극히 맑고 투명하며 순진무구(純眞無垢)한 청정심의 심경을 반추(反芻)하게 하는 힘은 바로 작가가 끊임없이 언어를 절차탁마(切磋琢磨)한 결과라고 하겠으며, 아울러 그의 작품들은 시조의 품격과 격조를 은연중 나타내고 있음을 발견하게 된다.

현대시조가 시대 조류에 역행하지 않고, 장형화와 산문화, 난해한 구절과 사설, 농설(弄舌)과 요설(饒舌), 물론 시에서는 시적 허용을 인정하지만 문법 파괴 등 격식에 벗어난 형식들이 난분분(亂紛紛)하고 있어 순수성과 동떨어진 파격을 보이고 있음은 대체적으로 인정하는 현상들이다.

남송(南宋)의 주희(朱熹)와 학문적 친교가 깊었던 여동래(呂東萊)가 지은 철학책인 『근사록(近思錄)』 활체류(活體類)에 다음과 같은 구절이 보인다.

差若毫釐(티끌만한 차이가)
繆以千里(천리를 빗나간다)

처음의 생각이 나중에는 엄청난 차이로 변해있음을 상기한 말로, 오직 신념으로 파종된 출발점이 자신을 지켜나갈 비결이 될 수 있고 목적한 바에 도달할 수 있다는 말일 것이다.

위의 말에 유추하건대, 박선정 시인의 창작혼도 결국 시조 문학의 정립을 위해 노력한 시종(始終)의 합일점이란 점을 짐작하게 한다.

박선정 시인은 어쩌면 언어의 조탁(彫琢)을 통하여 시조 같은 시, 혹은 시 같은 시조를 쓰고 있는 시인다운 시조시인이다. 시인의 이러한 형식적 미학은 현재진행형으로 지속되어가는 과정이니 더욱 아름답고 시조다운 시조들이 더 많이 산출될 것을 기대할 수 있을 것이다.

모든 존재는 자신의 몫을 가지고 있다. 프랑스의 포스트 구조주의 철학자인 미셸 푸코(Michel Foucault)는 서양문명의 핵심인 합리적 이성에 대한 독단적 논리싱을 비판하고 소외된 비이싱직 사고, 즉 광기(狂氣)의 진정한 의미와 역사적 관계를 밝혔다고 한다. 푸코에 의하면 진정성의 언어를 '파레시아(Parrhesia)'라는 단어로 설명하고 있다. 고대 그리스어의 파레시아는 '진실을 말하는 용기' 혹은 '솔직하게 말하기'를 뜻한다. 그

러므로 파레시아는 '위험을 감수하고 말하는 용기'로서 자기 자신을 감추지 않고, 속이지 않고, 솔직하게 자기를 드러내는 것이다.

박선정 시인의 시조에서도 '파레시아'와 같은 맥락을 발견할 수 있을 것이다. 특히 그의 내면 깊숙한 곳의 은밀한 '코어(Core)'까지도 아낌없이 드러내고 있음에서 그의 인간미도 아울러 알 수 있지 않겠는가?

박선정 시인은 현대시조를 시대에 맞게 재조명하여 이성적인 본성을 가진 개별적 존재자인 '페르소나(Persona)'로서 작가적 사명을 다하고 있음이 작품을 통하여 증명되고 있다고 할 수 있다.

시의 3대 요소는 지식과 감정과 경험이라 할 수 있다. 감정과 경험은 시인에게 있어 그다지 큰 차이가 없겠으나 지식과 시의 세련미와 시어의 고아(高雅)한 멋은 시인의 후천적 노력 여하에 의하여 결정이 된다고 하겠다. "훌륭한 시인은 타고나기도 하지만, 만들어지기도 한다." 벤 존슨(Ben Jonson)의 이 말은 많은 시사점을 내재하고 있을 것이다. 박선정 시인은 시에 대한 유별난 사랑으로 자신의 직간접 경험을 시를 통해 꾸준히 사유하고 확장하고 있으니, 우리는 그의 작품들을 통해 자아를 탐구하게 되고 나아가 자신이 추구하는 바에 더 가까이 다가갈 수 있을 것이다. 그의 작품들은 곧 자기를 진솔(眞率)하게 드러내며 가치(價値)를 실현하는 도구이기 때문이다.

　모쪼록 박선정 시인에 의하여 전통적 정서(情緖)와 사상(思想)을 함유한 우리의 시조 문학이 부활되며 재도약하는 중요 모멘트(Moment)가 될 수 있을 것을 확신하게 된다.

문학세계대표작가선 1003
우주의 눈동자

박선정 현대시조집

인쇄 1판 1쇄   2023년 12월 20일
발행 1판 1쇄   2023년 12월 27일

지 은 이 : 박선정
펴 낸 이 : 김천우
펴 낸 곳 : 도서출판 천우
등   록 : 1992. 2. 15. 제1-1307호
주   소 : 서울시 성동구 무학봉28길 6 금용빌딩 2F
전   화 : 02)2298-7661
팩   스 : 02)2298-7665
http://cafe.naver.com/chunwu777
E-mail : cw7661@naver.com

ⓒ 박선정, 2023.

값 18,000원

＊도서출판 천우와 저자의 서면 동의 없는 무단 전재 및 복제를 금합니다.
＊저자와의 협의에 따라 인지는 생략합니다.

ISBN 978-89-7954-914-0